
EXTRAIT

Du Procès-verbal de l'Assemblée des COLONS AMÉRICAINS.

Du 22 Septembre 1789.

L'ASSEMBLÉE, délibérant sur la proposition qui lui a été faite par un de ses Membres, a unanimement arrêté que, pour donner à la Nation une preuve de leur zèle & de leur dévouement, les Colons Américains votoient, & que MM. leurs Députés demeuroient autorisés, en vertu des Présentes, à offrir à l'Assemblée Nationale, pour subvenir aux charges de l'Etat, la quatriéme partie de tous leurs revenus, ce qui peut être un objet de six millions ; & en outre un cautionnement de la cinquantiéme partie de leurs biens, pour liquider la dette Nationale.

DE JOLY, Président.

ROLLAND-AUDIGER, } Secrétaires.
POIZAT, }

[illegible]

EXTRAIT
DU PROCÈS - VERBAL
DE L'ASSEMBLÉE

Des Citoyens — libres et Propriétaires de Couleur des Isles et Colonies Françoises, constituée sous le titre de Colons Américains.

AVERTISSEMENT.

Les Citoyens—Libres de Couleur des Isles & Colonies Françoises, ont gémi trop long-tems sous le joug désormais insupportable du préjugé le plus honteux.

Ils se sont réunis, après en avoir fait prévenir M. le Maire & M. le Commandant-général de la Garde-Nationale, dans le Cabinet de M. de-Joly, Avocat aux Conseils.

Après plusieurs conférences préliminaires, ils ont rédigé un Cahier qui doit-être remis à l'Assemblée-Nationale. Ils ont dressé des Procès-Verbaux qui seront incessamment publiés.

Des circonstances particulières ont déterminé la publicité de cet extrait.

EXTRAIT
DU PROCÈS-VERBAL

De l'Assemblée des Citoyens — Libres de Couleur, & Propriétaires des Isles & Colonies Françoises, constituée sous le titre de COLONS AMÉRICAINS.

Du 12 Septembre 1789.

IL a été rendu compte, à l'ouverture de la Séance, des détails relatifs à la Députation qui avoit été arrêtée auprès des Colons Blancs, réunis à l'Hôtel de Massiac.

M. de Joly a dit, qu'en conformité de la Délibération du 8 de ce mois, il avoit écrit, dès le lendemain, à M. le Marquis de Galifet, Président de l'Assemblée des Colons Blancs, la Lettre suivante :

M. LE MARQUIS,

« L'Assemblée des Citoyens de Couleur,
» des Isles & Colonies Françoises, a arrêté,
» dans sa dernière Séance, une Députation

» auprès de l'Assemblée de MM. les Amé-
» ricains que vous préſidez. Je vous prie de
» m'indiquer le jour & l'heure où cette
» Députation pourra être ordonnée, afin de
» vous communiquer l'objet de ſa miſſion.

» J'ai l'honneur d'être, avec la plus par-
» faite conſidération,

M. le Marquis,

Votre très-humble, &c.

Signé, DEJOLY.

Ce 9 *Septembre* 1789 ;

Qu'il avoit reçu à l'inſtant cette réponſe:

« Il y aura, Monſieur, ce ſoir, à ſix
» heures, une Aſſemblée ; & l'on y recevra
» avec plaiſir la Députation de l'Aſſemblée
» des *Citoyens de Couleur*.

» J'ai l'honneur d'être, avec un parfait
» attachement,

Monſieur,

Votre très-humble & très-
obéiſſant ſerviteur,

Signé, LE MARQUIS DE GALIFET.

Ce 9 *Septembre* ;

Que, le soir, à l'heure indiquée il s'étoit rendu avec MM. les Commissaires nommés à cet effet, à l'Hôtel de Massiac; qu'après avoir fait annoncer la Députation, il avoit eu la satisfaction de la voir admettre sans aucun retard; qu'ayant été introduits, M. de Joly avoit été placé à la droite de M. le Président & MM. les Commissaires en face du Bureau; qu'alors M. de Joly, avoit fait lecture d'un Discours concerté avec MM. les Commissaires, & conçu dans ces termes.

MESSIEURS,

« Les Etats-Généraux ont été convo
» qués, les Citoyens de toutes les classes
» y ont été appellés, les Représentans des
» Colonies y ont été admis, & désormais
» vos libertés, vos droits, vos propriétés
» ne recevront aucune atteinte. Vous les
» conserverez sous l'empire des Loix que
» vos Représentans auront fondées.

» Seuls dans la nature entière, livrés à
» l'oubli, voués au mépris qu'ils ne croyent

» pas avoir mérité, les Citoyens-libres,
» de Couleur, répandus dans les Colo-
» nies, ont été privés des biens, des avan-
» tages inappréciables que tous les Fran-
» çois ont partagé.

» Dans les Colonies, ils n'ont pas été
» appellés aux Assemblées élémentaires.

» En France, à Paris, ils ont eu la
» douleur de voir former à leurs côtés,
» sous leurs yeux, des Assemblées partielles
» dont l'accès leur a été interdit; des Dé-
» putés à l'Assemblée Nationale ont été
» nommés, & les Citoyens de Coulenr
» n'ont pas concouru à leur élection. Des
» cahiers ont été rédigés, & personne n'a
» été appellé, pour défendre, pour stipu-
» ler leurs intérêts; enfin, MM., votre Assem-
» blée s'est continuée jusqu'à ce jour; &,
» sans la démarche que leur zéle, leur
» patriotisme, leur attachement inviolable
» pour vous, leur ont inspirée, les Citoyens
» de Couleur ignoreroient encore votre
» réunion & les avantages qui peuvent en
» résulter.

» Il étoit temps, Messieurs, de faire

» cesser une distinction aussi humiliante ;
» il étoit temps que les Citoyens de Cou-
» leur sortissent enfin de l'état passif, de
» dénuement & d'abjection dans lequel
» on a voulu les tenir.

« Ils ont senti ce qu'ils étoient ; la Dé-
» claration des droits de l'homme leur a
» fait connoître ce qu'ils valoient ; &
» leurs vues se sont portées aussitôt, non
» pas vers la licence & l'insubordination,
» comme on s'est permis de les en accu-
» ser, mais vers cette liberté précieuse que
» les loix leur assûrent, & qu'ils doivent
» partager avec vous.

« C'est, MM., dans cette vue que les
» Citoyens de Couleur se sont assemblés ;
» c'est dans ce même esprit, qu'après avoir
» pesé leurs droits & consulté leurs inté-
» rêts, ils se sont déterminés à porter à
» l'Assemblée Nationale des demandes
» qui ne doivent éprouver aucune diffi-
» culté

« Mais, avant de recourir à leurs Juges,
» avant de porter au Tribunal de la Nation
» les demandes légitimes qu'ils font dans

A iv

» le cas de former, les Citoyens de Couleur
» ont pensé qu'ils devoient se présenter au
» Tribunal de leurs Compatriotes, de leurs
» Frères, de leurs Amis; & ils ont aussitôt
» résolu de vous adresser une Députation.

» Cette Députation a deux objets im-
» portants; l'un & l'autre leur sont égale-
» ment précieux.

« Le premier consiste à vous offrir l'ex-
» pression de leurs sentimens, l'hommage
» de leur reconnoissance, les vœux les plus
» sincères de perpétuer, de cimenter, d'une
» manière irrévocable, les liens qui doivent
» les unir à vous.

» Le second, & celui-ci, Messieurs, mé-
» rite toute votre attention, consiste à ré-
» clamer l'entier, le libre exercice des droits
» attachés à la Liberté. Ce mot seul vous
» dit tout; il exprime, dans toute leur
» étendue, les réclamations que les Citoyens
» de Couleur sont enfin déterminés à for-
» mer.

» Il seroit doux pour eux de les voir ac-
» cueillir avant de les avoir formées; ils
» seroient trop heureux de tenir de votre

» consentement, ce qu'ils sont en droit de ré-
» clamer & d'obtenir par la force même
» de la Loi.

« Veuillez-donc, Messieurs, jetter, sur
» cette classe infortunée, des regards, que
» la Nature, la Bienfaisance & l'Humanité
» doivent également attirer ; rappellez-
» vous qu'ils sont hommes, Libres & Ci-
» toyens. N'oubliez pas qu'aux termes des
» plus anciennes Loix des Colonies, de
» l'Edit de 1685, les Affranchis doivent
» jouir de tous les droits de Citoyens ; ad-
» mettez-les à une concurrence qui hono-
» rera votre justice ; arrachez pour jamais
» les gens de Couleur à l'esclavage : &
» cet aveu, cette déclaration de votre part
» enchaîneront pour jamais, des cœurs qui
» peuvent être aigris par l'injustice, mais
» que vos refus même ne pourront jamais
» aliéner ».

M. de Joly a ajouté, que cette lecture avoit
été suivie de quelques questions relatives à
l'affranchissement absolu des gens de couleur
qui peuvent être encore dans l'esclavage;

qu'après y avoir satisfait, par des réponses puisées dans le Cahier que l'Assemblée avoit précédemment arrêté, M. le Président avoit répondu, « que l'Assemblée » prendroit le Mémoire en considération, » & qu'elle feroit incessamment parvenir » sa réponse à M. de Joly » ;

Q'en effet, dès le lendemain matin, M. de Joly avoit reçu la réponse suivante :

Paris, le 10 Septembre 1789.

« La Société ayant examiné, Monsieur, » le Mémoire qui lui a été lu par vous, » pour les gens de Couleur libres, a estimé » qu'une simple réunion de Colons, hors » de leur Pays, ne pouvant avoir un carac- » tère légal, il ne lui est pas possible de le » discuter ; il lui semble que les demandes » qui y sont formées ne peuvent être que » de la compétence d'une Assemblée Co- » loniale régulièrement convoquée sur les » lieux.

« Nous vous prions d'agréer tous nos

» remercîmens ; & nous avons l'honneur,
» d'être bien sincèrement,

» MONSIEUR,

» Vos très-humbles & très-obéissans
» serviteurs,
Signé, BILLARD, *Vice-Président.*

» Par mandement de la Société,
Rossignol de Grammont, Secrétaire.

Sur quoi, l'Assemblée délibérant a pris l'Arrêté suivant.

« L'Assemblée des Citoyens-libres de Couleur, des Isles & Colonies Françoises, après avoir entendu le compte qui a été rendu par M. de Joly, & les six Commissaires nommés dans la séance du 8 de ce mois, de leur députation auprès des Colons-Blancs, qui s'assemblent à l'hôtel de Massiac ; lecture faite de la lettre en réponse adressée à M. de Joly, le 10 du même mois ;

« Considérant que cette réponse contient un deni formel de la justice que les Citoyens de Couleur avoient demandée, &

qu'ils étoient en droit d'attendre de leurs frères ;

Que l'illégalité de leur réunion ne les empêchoit pas d'émettre un vœu, ou du moins d'expliquer ce qu'ils entendoient par Assemblée Coloniale ; dans quelle forme ils croyoient que cette Assemblée pouvoit être formée, & s'ils pensoient que les Citoyens de Couleur dussent y être admis ;

» Que si l'on avoit opposé aux Colons-Blancs, qui ont député à l'Assemblée-Nationale, le défaut d'autorisation d'une Assemblée Coloniale légalement convoquée sur les lieux, leur Assemblée n'auroit pas été reconnue, & les Députés admis à l'Assemblée-Nationale ;

» Considérant encore que ce n'est point par des moyens de cette nature qu'on peut étouffer le cri naturel de la Liberté, qui se fait entendre par-tout où il y a des hommes en état de l'apprécier ;

» Qu'il suffit, que les Colons soient réunis dans l'étendue de la Monarchie Françoise, pour qu'ils puissent délibérer sur les objets qui les concernent ; que les Citoyens-Libres de

Couleur réunis à Paris ont incontestable-
ment le droit de s'occuper de leurs intérêts
personnels ; de délibérer fur les chofes qui
leur font communes ; de porter à l'Affemblée-Nationale leurs vœux & ceux de leurs
Concitoyens ; en un mot , & fur-tout ,
de folliciter l'exécution des Loix anciennes ,
& d'obtenir l'entier exercice de leurs droits
& de leur liberté;

» Confidérant auffi que la Députation qui
a été faite auprès des Colons-Blancs réunis
à l'hôtel de Maffiac , fous le titre de *Société
de Colons François* , n'avoit nullement pour
objet de les prendre pour Juges , ou pour
Arbitres , mais feulement de les ramener
aux fentimens de bienfaifance , & d'humanité qui doivent leur être communs ;

» Que la dénomination , fous laquelle les
Colons-Blancs fe font conftitués , autorife
les Citoyens de Couleur à prendre également une dénomination qui faffe ceffer la
différence qu'on a toujours mife , & qu'on
voudroit perpétuer entre les Colons-Blancs
& les Citoyens de Couleur ;

» Confidérant enfin que les Députés qui

ont été admis à l'Assemblée-Nationale ne peuvent repréfenter que les Blancs , *puifque les Citoyens de Couleur n'ont point été appellés à leurs Affemblées partielles* ; que ceux-ci ne leur ont jamais donné le pouvoir de porter leurs vues, leurs plaintes & leurs demandes auprès de cette augufte Affemblée ; qu'ils ont cependant un droit égal à une repréfentation, puifque les Citoyens de Couleur font foumis aux mêmes Charges, & qu'ils payent les mêmes Impôts que les Blancs ; qu'ils font même infiniment plus grévés à raifon des privations qu'ils éprouvent, & du refus qu'on leur a toujours fait de les admettre à toutes les Profeffions , & même à certains états mécaniques, tels que l'orfèvrerie , la bijouterie, &c. &c ;

» A arrêté que les Citoyens - Libres de Couleur continueroient à fe réunir aux jours indiqués dans le Cabinet & fous la préfidence de M. de Joly ; qu'ils fe conftitueroient & n'agiroient déformais que fous le titre de *Colons Américains* ; que les démarches, qui avoient été faites pour obtenir accès auprès de l'Assemblée-Nationale; seroient continuées sans interruption;

» Que **M.** de Joly, & les douze Commissaires ci-après nommés seroient spécialement autorisés à s'y transporter, & à faire lécture du Cahier qui a été annexé au dernier Procès-verbal;

» Qu'ils solliciteroient le jugement des différentes demandes qui y ont été consignées;

» Qu'ils insisteroient spécialement pour faire statuer sur l'admission à l'Assemblée-Nationale, des Députés que l'Assemblée nommera à cet effet;

Et enfin que pour faire cesser les bruits défavorables, & les imputations calomnieuses qu'on se permet de répandre sur la réunion des *Colons Américains*, & même pour donner une véritable idée de leur franchise & de leur loyauté, le compte précédemment rendu de la Députation auprès des *Colons François* réunis à l'Hôtel de Massiac, le Discours prononcé par M. de Joly, la Lettre des Membres de la Société des *Colons François*, ainsi que le préfent Arrêté feroient adreffés à M. le Préfident de l'Affemblée Nationale , au Miniftre du Roi chargé du Département de la Marine , & rendus publics par la voie de l'impreffion.

Pour l'exécution totale du préfent Arrêté , l'Affemblée a nommé MM. *Fleury, Audiger , la Fourcade , du Souchet l'aîné, Ogé jeune , de S. - Réal , le Chevalier de l'Avit , Lanon , Hellot , Honoré , Poizat & la Source* , tous Membres de l'Affemblée ; lefquels , avec M. *de Joly* , font fpécialement autorifés à faire , foit auprès de l'Affemblée-Nationale , foit auprès des Miniftres du Roi , toutes les démarches que la prudence leur fuggérera , pour obtenir la plus prompte exécution , tant du préfent Arrêté , que de ceux qui ont été pris jufqu'à ce jour , ou qui pourroient l'être à l'avenir.

DE JOLY , *Préfident.*

ROLLAND - AUDIGER ,
POIZAT , } *Secrétaires.*